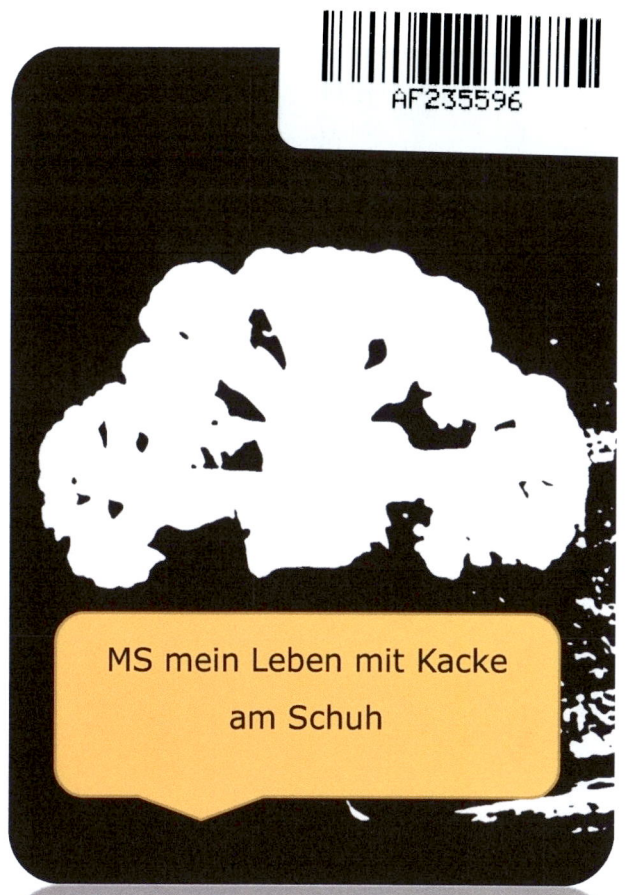

MS mein Leben mit Kacke am Schuh

übrigens, ick hasse Aquajoggin

II

III

IV

der unsterblich Kranke

...da muss se wohl noch an sich arbeiten!

ein *Leben mit Kacke*

am Schuh

Impressum

Autor: Alexander Draws
Birkenallee 130
16767 Leegebruch
Umschlaggestalltung unter Verwendung
eines Fotos von Alexander Draws

Biblografische Information der Deutschen
Nationalbiblothek:Die Deutsche Nationalbibliothek
verzeichnet diese Publikation in der Deutschen
Nationalbibliografie; detailierte bibliografische
Daten sind im Internet über dnb.dnb.de abrufbar.

© 2021 Alexander Draws

Herstellung und Verlag: BoD – Books on Demand,
Norderstedt

ISBN:9783752658866

Vorwort

Dieses Buch wird mit Dialekt geschrieben, hm heißt das so ? Und demzufolge auch genau so gelesen. Oder anders gesagt, ich schreibe so wie ich spreche. Ich gebe zu, es fällt mir im Vorwort schon extrem schwer alles in Hochdeutsch zu schreiben. Ich hoffe auf Verständnis. Ich bin noch recht jung und benötige das Geld, um meine Sucht zu finanzieren.　　　　　　　Bitte was, Sucht? Ja, Sucht und darum wünsche ich viel Vergnügen beim lesen. Wenn der eine oder andere Satz nicht ganz einleuchtend ist. Nicht verzagen, einfach noch einmal probieren. Ehrlicher Weise muss ich zugeben, in diesem Buch geht es weniger um medizinische Fachbegriffe und deren Bedeutung. Sondern nur darum, wie Ich als unheilbar Kranker mein neues Leben in den Griff bekomme und dass die Diagnose MS nicht das Ende der Welt bedeuten muß. Ich bin mutiert vom fetten, unsportlichen Typen zum Sporti mit einem gestärktem Selbstbewußtsein. Ich gebe hier nur meine eigenen Erlebnisse wieder. Dieses Buch ist kein Ratgeber, es ist mein Kampf gegen Schmerzen, Unwohlsein, Fettleibigkeit und dem Schweinehund.

　　　　　　　　Multiples Sklerose MS heißt **NICHT** Muskelschwund, Ihr Honk´s.
Viel Spass beim, les´n wa !

2

Es war einmal vor langer Zeit, da wurde nen Hosenscheißer gebor´n. Genauer gesagt im tja, et war kalt. Der wurde größer, älter und leider auch ziehmlich fett. Und dann war dit erste Leben o schon um, so mit zarten 42 Jahren.

... und dann is **ES** quasi neugebor´n, et jab ne

Diagnose

Es tut uns leid ihnen mitzuteilen, Sie haben Multiples Sklerose.
Und dit jenau ufm 43 Geburtstag.

Juhu ! Da sitzte nu und kiekst den Doc an, kiekst rüber zu dein Weibchen, kiekst zurück zum Doc und wieder dit Weibchen an. Mh dit Weibchen heult wie´n Schloßhund und der Doc, naja der kiekt wie´n KFZ- Meister der dir sagt dein Auto is kaputt, *Steuergerät is platt.* Und ick selbst versteh gar nich wie dit nu wieder passieren konnte. Tja biste dann o´ch platt !
Da wurd ick eben mal uf 0 zurückjesetzt, Resetknopp jedrückt. Da war ick nu,alt,nackt,fett und häßlich. Keen Plan wie dit nu allet weiter jeht, Arbeit ja,nein,vieleicht. Rente ? Quatsch ! Wird schon,oder !? Man ick hab immer jedacht, ick versterb an nen Herzkasper, wenn die janze Kacke hier so weiter jeht. Also zu viel Arbeit, Stress und natürlich chronisch unterbezahlt, kennt doch jeder. Unfähige Kollegen und noch unfähigere Vorarbeiter für´n Arsch !

Willste dis et richtig is, machst dit dir alleene.

Alter Schwede ,wenn ick *jetz* uf de Waage stehe, spricht dit Ding tatsächlich wieder mit mir, also damals mit Anfang 43 hatte ick immer den Eindruck die is kaputt. Hat immer dit falsche anjezeicht, viel zuvülle. Mh ok da hab ick aber noch X X X X L in meinen Leibchen zu stehn jehabt, mit satten 120,00 Kg bei nur 189,00 cm Länge, quasi zu kleen für mein Jewicht. BMI is doof, dazu später mehr.
Dabei war ick doch immer son schlanket, sportlichet Kerlchen.
(so sieht man sich offensichtlich, wenn man voll verpeilt is) Wie auch immer oh oh oh, wo is a hin der Faden? Weg verlorn.*(passiert öfter bei MS´lern, Wortfindungsschwierigkeiten)*

4

Upala, da is a wieda.   Ja wo warn wa ?
Ah ja Neugeborener.

Bevor et zur Jeburt kam, gab et erstma diverse Untersuchungen, bzw davor so janz doll komische Symptome.
Da gab et dann:
nüscht hat mehr jeschmeckt, scheiß egal ob dit nu dit Happihappi war oder dit Bier, dit Kippchen, der Kaffee. Dann hat man dit Jefühl jehabt keen Bums mehr inne Röhr´n zu haben oder die Stressresistenz war sowat von im Arsch, dass man innerhalb von 3 Sekunden den nächsten der dir von de Seite doof anmacht gleich nen paar uf de Muppe jibt.
(sowat dauerte frühe nen jutet 3/4 Jahr bis ick uf 380 war)

Oder dit nich schlafen können,ja ick wees dit Böse schläft nie, aber wenn de nen janzen Tach ufm LKW huckst und im Feierabend nich pennen kannst, is dit schon doof. Und denn der Anflug von Schwindel, aber nich so ufstehn und rumtrieseln, nee ufstehen und denken, ja Schwindel schon irgendwie, aber o´ch nich so richtig. Mh, komisch, ja nur blöde wenn de grad ufm Laderkran von den Holzlaster hucken tust, ufsteh´n willst und erstma nen Abjang probst, da jeht een denn schon die Muffe, wa !? Aber dit komischste Ding wa ja dit Jefühl als ob de neben dir stehst und de dir selber bei der Arbeit zu kiekst, total krass. Die Muskeln dauerhaft angespannt, unkonzentriert und da tun een dann noch die Arschbacken weh wie die Sau, nach nur zwee Stunden sitzen bzw fahren ufm Holzlaster. Man früher konnt ick durchfahrn. Da dann nich mehr, jing einfach nich, wußte nich wie ick noch sitzen sollte.

5

Na ick dann gleich eene Woche druf bein Doc hin und ick ihm berichtet wat Phase is. Jo, erstma uf Eis jelegt wa. Weil der Doc wußte ja och nich so recht wat los is mit mir, kam denn aber noch viel besser.

Wir, also mein Weibchen und Icke ham ja nen total schicken modernen und vor allem großen Flachbild SmartTV.

Da lümmel ick so uf de Couch, bin so schön am chillen, kiek Hartz 4 TV
(so nennt man umganssprachlich das Vormittagsprogramm diverser TV Sender in Deutschland)
,steh´n da uf een ma zwee
Fernseher,nebennander !

Judi, da ging mir denn doch ma die Muffe.

Ick also hin bein Doc, fuck, stimmt ja, Urlaub diese Woche.

Scheiß drauf jeh ick eben bei den Knochendoktor, is bestimmt doch nur wat injeklemmt, Nacken und so.

Sagte meine Frau.

Jedacht jetan, ick hin da, der kiekt mir an und ?

Nüscht ! Knochen tutti, Muskeln o nüscht negativet.

Aber denn die *Frage von´n Doc*. Sach ma, warum kiekst´n immer uf een Ooge?

Erst dit eene Oooge zu und immer im Wechsel links zu, rechts zu, links zu, rechts zu.

Ick daruf denn:

Na klarer Fall, kann ick Dir sagen, damit ick o die richtige Tür treffe und nich jegen die Wand loofe.

Fupp, jab it gleich ne Überweisung in ne Rettungsstelle.

Verdacht uf Schlachanfall !

Wat ? Icke ? Quatsch ick bin doch noch lange nich über´n Zenit. Hab doch eben erst die 40 anjekratzt.

6

Hab ick erstmal schnell ne Whatse mit Foto von der Überweisung geschickt an dit Weibchen, die dann o´ch sofort mich anjerufen hat und in nen Befehlston mir gesagt hat,

SOFORT NACH HAUSE KOMMEN

Ick kann euch sag´n dit Weibchen hat ne Täsch für dit kranke Haus jepackt, man ick dachte ick soll da inzieh´n.

Naja wir da nu einjeschlagen den Schein vorjezeigt und denn jing die aber ab wie´n Jewitta.
Blutdruck normal. Blutabnehmen, o´ch normal. EKG, unuffällig. Lunge röntgen, oh ein Wunder, o´ch unuffällig, puh Glück jehabt, ☺ CT, wat o´ch imma dit is? War och nüscht zu sehen. Tja, die Doc´s wurden immer ruhiger.
Aussage war denn, jupp nen Schlachanfall hät ick nich.
Ok ,soweit so jut und nu ??? Wir ham da ma nen Bette für Sie besorgt. Wat nich nach Hause ?

Nein auf Station geh´n Anmeldung und dann geht weiter. Na denn, wir hoch uf Station und ab int Bette. (is ja eigentlich so´n bissel wie´n Interhotel in so´n kranket Haus. Vier ma am Tag jibt dit Fresschen und dit aber ant Bett jebracht, mußt dir um nüscht kümmern, ein Träumchen) Naja der Tag war damit dann och jeloof´n.
Tag 2, wecken um 6.30 Uhr, ey alter ick bin krank und nich uf Arbeit und Frühstückchen erst um Neune, ja sind die den Irre hier?
Bevor it Fresschen jab wollten se ertma Blut haben und Temperatur messen und allet Mögliche

7

von mir wissen, ja ick wees die Mädels machen o´ch nur ihre Arbeit.

Denn war wieder rumvegitieren anjesagt und jeder der int Zimmer kam, kiekt mir an, verdreht die Oogen und sagt uijuijui.
Wat Uijuijui ?
Dann kam och mein Weibchen wieder, die wollte ja och wissen wat nu los is mit mir. Dabei kam denn och raus, dass ick eigentlich kieke wie´n Chamäleon, ab da an hatte ick denn *PANIK.*
Nun jut, im weiteren Verlauf des Aufenthaltes im Interhotel (krankes Haus) ging das so weiter, mit jeden Tag komische Untersuchungen, die da so hießen ...ähm ..hab ick schon wieder verjessen, aber da hatte man so Elektroden am Kopp und dann gab dit

Stromstöße, plötzlich ham denn die Daumen und die großen Onkels jewackelt. Der Hammer war dit Schachbrett ufm Monitor, mußte man druf kieken, tja und denn ham se, ah jetzt fällt it mir wieda in, Gehirnströme jemessen ham se. Und denn ham se noch nen MRT jemacht mit mir, erst eens mit ohne Kontastmittel und denn noch ma eens mit orange Farbe. Das Highlight war aber die Nummer mit dem Likör (Hirnwasser), man und ick hab jedacht da wird eener jenommen, nen Kurzer, also nen Schnäpperkin mit´n Chefarzt.
Ja .... schön verascht ham se mir, wird jezogen aus dem bzw der Wirbelsäule (bekomm gerade ganz böse Gedanken,will dem Doc der es rausjeholt hat imma noch ans Leder,Sau die !)

mit einer Hohlnadel mit ohne Betäubung, damit die Schlosser in Weiß o´ch sehen ob se richtig sind oder nicht.
Total verkrampft saß ick uf der Bettkante und hatte nur eenen Wunsch, aber raus dit Ding, aber janz schnell, bevor ick dir den Hals umdrehe.

8

Der Doktor war sichtlich erleichtert wie dit Dingens wieder draußen war, er dit Wasser im Glase hatte und ick ihm keine geballert habe.

In den folgenden Tagen lief er mir ab und an mal uf´m Flur übern Weg, siehe da, der Bengel hat mich immer sofort erkannt und auch imma gleich die Laufrichtung geändert,

in Richtung *FLUCHT*, Pisser der !

Dann ham se jewartet und jewartet ach und jewartet ham se o´ch noch.

Bis zum Tag der Diagnose, dit werd ick nie verjessen.

Ein Hoch auf unsere DSGV.

Bei der Visite wie es die Diagnose präsentiert gab wurde ich doch tatsächlich von der Weißen Wolke gefragt ob es mir schön wäre mein angeheiratetes Weibchen, welches auch in meiner Krankenverfügung steht, dabei zu haben.

Geht ja schließlich um Datenschutz.

Ähm, wat is´n mit die beeden anderen Zimmernachbar´n, die müßten vieleicht erstma dit Zimmer verlassen ?

Bin ick hier bei der versteckten Kamera oder wie ???

Fragende Gesichter !

Et war niederschmätternd, für alle Beteiligten, vor allem für die beistehende Krankenschwester die jedes Mal wenn der Oberdoc wat sagte, mit Oh Gott ergänzte.

Ja doch war sehr hilfreich, fand mein Weibchen.

Für mich war dit, naja, weil ick hab dit eh nich jeschnitten, die mit ihrem Fachchinesisch.

Mein Weibchen hingegen hat dit sofort

9

verstanden, na logisch die is ja oc´h vom Fach. Ick muß dit ja och nich vastehn.

<u>Meister Kennstenich sagt immer :</u>
Doof bumst jut !
Jupp, bei mir hat sich noch keene beschwert.

Also hab ick denn den Oberdoktor jesagt oder jefragt ob er dit denn noch ma so sagen kann, dass ick dit o´ch verstehe.

Jupp, tat er und jo ick hab it vastanden. Ick hab nen Ding an Kopp, gut dit wußt ick schon davor, aber jetzt hab ick dit schwarz uf weiß.

23 kalte Lötstellen im Oberstübchen.
(Läsionen)

Die wichtigste aller Fragen.

Du Meister wie alt kann ick denn werden mit dit Gedöns jetzt hier ?   Naja, 75 Jahre, keen Problem hat er jesagt.

ABER ick müsse da so nen paar kleene Sachen ändern an mein Leben. Zähne knirschend hört man(n) mal zu und läßt sich wat erzählen.

Sie müssen Diät machen, sich gesund ernähren, roochen ufhörn und   S P O R T treiben.
Ja Chef mach ick !

Ähhhhhh gesund ernähren? Mach ick doch, liegt doch immer ne Gurkenscheibe und nen Salatblatt auf der Kuh zwischen die beede Sesambrötchen.

Ja ja is klar Sport, an welche Art von Sport haben wa denn jedacht?

10

Der Doc sagte Laufen, er möchte mich im kommenden Jahr beim Berlin - Marathon sehen, na klar doch, sag ma hast du Fieba oder tut dir wat andert weh, dit müssen doch entsätzliche Schmerzen sein ?!

Pah, Berlin-Marathon, na sicherlich NICHT !

Laufen ist es geworden in 2018, aber dazu später.

Weil bevor alles so in die richtige Bahn gelenkt wurde gab es erst ma Kompott. Fünf Tage lang, jeden Tag eine Infusion mit einer Mische aus Cortison und irgend wat anderet.

Zweck des Ganzen war laut Aussage Doktor, damit sich die entstandenen Problemchen wieder zurückbilden, wie zB. die Chamälionoogen.
Wieder geradeaus kieken können und o´ch eventuelle Taubheitsgefühle verschwinden lassen.
Hat soweit ganz gut funktioniert.

Die Nummer mit dem Cortison war dann quasi der Anfangs erwähnte gedrückte Resetknopp.

Ick dann endlich wieder zu Hause, sollte schön een uf ruhig machen, solle Geduld haben.

Ja nee Geduld war zu dem Zeitpunkt nicht so mein Ding. Ick voller Tatendrang, mir die Leine und den Wauwi geschnappt, los nu jehn wa spazieren.

Da ham wa beede janz schön abjekackt. Es waren doch nur 500 Meter hin und 500 zurück.

Anderthalb Stunden hab wa gebraucht,........anderthalb !

Das war eigentlich wie neu Laufen lernen und die Füße mußten den Untergrund neu erfahren und den Hund noch dabei, wäre wohl schlauer gewesen den zu Hause zu lassen, anders gesehen, wenn ick da irgendwo zu Boden gegangen wär im Gelände, hätte mich ja keener gesehen und hätte Hilfe holen

11

können.

Zum Glück is(war) der kleene nen Terrier, nen Miniatur Bull Terrier, da hätte sich schon nen besorgter Bürger gemeldet bei der Bulle......ups Polizei oder beit Ordnungsamt und denn hätten se mich ja finden können, so weit meine kühnsten Träume.

Zurück zum Thema,

von da an hatte ick die Anweisung von meinen Liebsten, regelmäßig den Standort über einen Kurzmitteilungsdienstleister zu senden bzw. zu aktualisieren.

Nach diesem Spaziergang wieder zu Hause angekommen musste ick mir trocken legen, nass war ick bis uf die Schlüppa.

Unglaublicher Vorfall !

Der Hund war auch sichtlich erleichtert nach dem er wieder seinen Platz eingenommen hatte, uf de Couch.

Mir hingegen war es eine Lehre, nie wieder das Haus verlassen, nicht zu Fuß, viel zu anstrengend.

Da überkam es mich, Gartenarbeit Ende März 2018. Ok, Internet scharf gemacht, Rasen von Moos befreien, ah ja kann ick, is keen Ding !

Nö, war denn doch nich so einfach wie ick dit dachte. Der Cortisonhammer war natürlich noch präsent, man hatte ick Probleme mit der allgemeinen Kondition, bissel Bewegung ging ja, aber mal nen Bisschen mit dem Handvertikultierer und der Harke dabei und dit Moos weg tun in Laubsack, war dit allet anstrengend.

Nu bin ick extra zu Hause geblieben um genau wat zu tun?

12

Vollig im Arsch zu sein und zu merken, Kacke am Schuh und ick werd den Dreck nich mehr los.

Ach übrigens satte vier Wochen hab ich gebraucht um ca. 72 m² Rasenfläche herzurichten.

Yes,der Grüne Daumen is mir sicher.

Ick war ja nich nur draußen zu Gange, oft genug auch gar nich. Abgekomat uft Sofa hab ick und ick hab mir och Mitleid ergaunert von meinen Liebsten. Ganz nebenbei hab ick den noch ne Liste geschrieb´n wat mir denn in der ersten Woche zu Hause, also nach Cortison so alles an mir aufgefallen ist. Verdammte Axt, war schon viel, jeden Tag wat neuet.

Erst tut der Backenzahn oben links weh, dann die ganze Schnauze, am

dritten Tag dann plötzlich Husten, Schnupp´n, Heiserkeit. Tag vier war een nur schlecht. Tag fünf Fieba. Tag sechs nix mehr, als ob nüscht gewesen wär. Tag sieben, unendliche Müdigkeit. Zack eene Woche um, nüscht komisches mehr gewesen.

Wie schon gesagt, man hatte zu tun, mit sich, mit der Umwelt und war alles irgendwie doof.

Aber der Suff lief jut und die Kippen, ja die schmeckten schon lange nicht mehr, aber wat soll´s jetz noch bringen?

Man hat sich nun doch mal mit der ganzen Materie beschäftigt und festgestellt unheilbar krank, is ja eigentlich schon so jut *wie tot.*

Und die einschlägigen Internetforen waren nicht wirklich hilfreich, in denen wurde und wird auch heute noch nur rumgefrötzelt, wie beschissen doch alles ist, wie doof doch die Ärzte sind und wie bekloppt denn Krankenkassen und Rententräger seien.

13

Für mich fand ick dit nicht wirklich aufbauend und machte schon den nächsten Schritt in Richtung Klippe.

Aber STOP , zwischendurch kam dann doch endlich der Frühling, wärmende Sonne, yes Baby !

Ick fing doch endlich an mit Laufen, bzw mit dem Keuchen, sah bestimmt lustig aus wenn es dunkel wurde bei den Nachbarn in ne Bude,wenn ick da vorbei gewalzt kam.

Ey war dit anstrengend,120 Kilo in Bewegung, erst 1,5 km, denn waren es 3, denn 5, denn 10 km am Stück und die Kilo´s purzelten.

Aber roochen ging imma noch ziemlich jut. Jo zwar weniger aber so richtig mit ufhör´n ....nee nee lass ma, so bin ick nich ! Ich habe auch Doktor Google zu dem Thema befragt und der sagte, immer wenn de roochen willst, musst de loofen jehn.

Wa ????

Komm ick denn jar nich mehr nach Hause oder wat ! ?

Dit Happihappi wurde och jeändert und dit reicht ja wohl aus. Gewog´n hab ick mir drei Mal am Tag und jedet Mal sagt doch diese olle Waage wat anderet.

Na ick hab ihr denn die Freundschaft anjeboten, wurd nich besser.

Na denn eben janz anders, ick hab se int Exil jeschickt (steht im Schrank). Brauch och nich wieda kommen, lücht eh nur dit Kackding.

Wie och imma, ick fand et lief schon janz jut und die Doktorschaft fand dit och, ham se mir jedenfalls so jesagt.

Nun deswegen gab it denn och mal die ERSTE Tablette die, die mir dabei helfen sollte o´ch mit 75 noch Kacken zu jehn und sogar den Arsch alleene abzuwischen.

14

Na ick war jespannt, uii aber die Liste der eventuellen Nebenwirkungen, meine Fresse dit hat sich gelesen wie´n Taschenbuch dajegen is dit wat wa alle so kennen aus der Apotheke nen Scheißdreck. Aber wenn der Mensch Schiss hat, nimmt er allet damit dit wieda jut wird.

Jo ,der Tag der ERSTEN GABE Gilenya hieß dit Zauberding, ab ins kranke Haus, zur Überwachung eine Nacht auf Station verweilen. Wat soll ick sagen, ging vollet Ding inne Hose. Aus eena Nacht wurden satte vier Tage. Da bin ick doch tatsächlich Aus jejangen, mehrfach, so richtig Aus.

Da ham se denn leichte Thermik verbreitet die Doktor´s.

Ick hab denn wohl nich zu die 95% jehört, die dit Zeuch ohne Probleme vertragen haben. Ick denn wieda bei Hause, so weiter jemacht wie bis dahin und weiter jesportelt und jelebt.

Klar konnte dit so nich bleiben, dit Risiko war zu groß das dit doch wieder nach hinten los jeht. Kam wat kommen mußte, ne neue Tablette und nen neuer Versuch.

Ey, die lief jut ,für die ersten fünf Wochen, na klar kam dit wieder anders. (Zum besseren Verständnis, ick bin im Text immanoch in 2018.) Nu die Sache mit den möglichen Nebenwirkungen, ick wees nich wat hier los war mit mein Körper, der muß doch imma geruf´n haben hier, Nebenwirkungen zu mir !

Keen Ding !!!! (Tablette Mavenclad)

Einzug Krankenhaus für satte fünf Wochen plus hintaher noch zwee Sportverbot und Einzelzimmer und dit als Kassenpatient.

Har har, nich weil Kassenpatient nö wegen Ansteckungsgefahr, aber von mir, mein Imunsystem war komplett im Arsch, Fieba wat se über ne Woche

15

nich in Griff bekomm´n ham und ne Art Gürtelrose, aber am Bein.

Tja da gab es dann Zugänge (ick hau jetz ma ufm Schuppen, dit sind die Dinger mit Hohlnadel im Arm und ne Kupplung dran, zum Schlauch vom Tropf dran zu tun) Ja ja war nich lustig, 17 Stück, war´n denn bei mir ein und ausjebaut und dit sind nur die die ick o`ch mitjekrigt hab.

Drei Wochen lang Infusionen, 24/7 rund um die Uhr. Der Infusionsständer sah irgendwie aus wie´n Weihnachtsbaum, hat imma wat dran jehangen.

Aber teilweise so aggressives Zeug, dass die Zugänge nich lange durchjehalten ham, darum och so vülle.

Die ersten anderthalb Woch´n waren dit schlimmste, über 40 Fieba. Gab denn och schon ne Androhung, könnte uf ne andere Station gehen.

,,Ick bin Euch doch sowieso ausjeliefert, ick steh unter Drogen, Ihr könnt mich benutzen."

Ejal wie dreckig dit een jeht, imma noch nen doofen Spruch drücken. Da mach ick die Oogen uf und da steht denn ne kranke Schwester im Zimmer, kiekt mir an und meint:

Sie: moin ick wollt mir nur mal unser´n eventuellen Neuzujang ankiek´n wa.

Ick: Jo und ? Jefällt Dir wat de siehst ?

Sie: Naja ,eigentlich zu fit für uns.

Ick: ähm ,wer bist du denn ? Hast ja nen janz andert Leibchen an wie die andern hier uf Station!?

Sie: Andere Station, eene tiefer.

16

Ick: wat´n Kühlzelle ?

Sie: Nee, ITS Intensivstation.

Ick: Wat soll ick denn da, lieg ick doch och nur rum inne Jegend.

Sie: Jo, da dit Fieba nich runter jeht sollste int künstliche Koma versetzt werden, dafür biste aber zu Fit.

Ick: Uff !

Ick sag Euch, ick wees nich wat die Schwester in Lila da für´n Knopp jedrückt hat, Fieber jing runter, schlagartig. Ick war heilfroh und denn jing et nach und nach immer besser.

Soweit so gut, nun hatte ick aber noch dit Problemchen mit den weißen Blutkörperchen, so richtig in Wallung sind die Dinger nich jekommen.

Dafür gab es die übelsten Krankheiten angedichtet, na logisch, hat komplett verrückt gespielt mein Kadaver. Erst war et Blutkrebs, een Tach später war es plötzlich Lungenkrebs, dann hieß dit böse Gör uf een ma Tuberkulose (TBC) Noch nen Tach später hatte ick dann Knochenkrebs.

Ick war nun schon genuch verwirrt und verärgert, da haben mir meinen Lieben nicht alles erzählt was ick so alles haben sollte. Sie hatten selbst genug damit zu kämpfen, also hab ich den Großteil der vemuteten Sachen erst viel später erfahren. Die TBC Sache erst um Weihnachten 2020. War o besser so.

Wie oben schon erwähnt, Woche 5 war um, ick durfte wieder ins Heim.

Aber wie dit immer so is, bist dem Sensenmann dit zweete Mal im Jahr von de Schippe jehüppt und roochen haste einjestellt, solange man nich zu Hause war.

Anstatt die Kacke gleich komplett zu lassen, kommste nach Hause und ballerst dir erstmal jenüßlich eene an, völlig behämmert, oder !?(kämmt man sich eigentlich jeden Morgen mit`n Hammer)

Die Woche 6 und 7 waren rum und ick könnte ja wieder anfang´n mit Sport wa, voll wat für´n Arsch. Een Mal bin ick noch jeloofen, dit wart denn. In Selbstmitleid versunken bin ick, völlig bekloppt eigentlich,

weil schlimma jeht imma. Aber dit sollte ick später noch lernen.

Aber jetzt mal ernsthaft, auch Männer weinen. Da sitzt man denn mit die Pöppel in ne Ohren, hört Mucke und fängt plötzlich an zu weinen wie ein kleiner Hosenscheißer.

Härte ist befohlen, ick bin schließlich nen Mann.

Ja, Scheiße Bonbon, nüscht biste mehr, ne Flenne dit biste. Da sitzt man so da und überlegt Tag ein,Tag aus. Wie verdammt geht es weiter, etwa so wie die letzten Monate ? So mit Schmerzen und der ständigen Angst es könnte wieder was Neues geben, mit wat de nich klar kommst, wat dich noch weiter in ne Ecke stellt ?

meine größte Angst war.

Irgendwann im Rollstuhl sitzend im Garten stehen, der Sabber looft een dit Kinn runter und die Nachbarkinder beschmeißen mir mit kleene Kieselsteine.

18

Da is man denn an nen Punkt angekommen, tja ick sag mal so, ick hab mehrfach drüber nachjedacht ob oder nich ick nu nen Strich ziehe.

Problem an dieser Sache war nur das Eine, wie?

Da kam doch plötzlich der Feuerwehrer wieder durch, der ja nun in den Jahren von 1996 bis heute so einiges erleben durfte.

Man will ja och keenen zusätzlich belasten nur weil man nich weiter weiß. Am Ende is man denn o´ch noch indirekt daran Schuld dass sich noch einer dit Licht ausgeblasen hat.

Nö nö lass ma.

Und dann kam noch der Umstand dazu, machst dit nich gleich richtig, bist unter schlechtesten Bedingungen ,noch viel beschissener dran als so schon.

Zum Ende dieses Liedes, Stand 2019 im Dezember, muß ick sagen, lass ihn kommen den Sensenmann, dann mit 75 oder so. Der Typ hat Erfahrung, der kann das, dit is sein Job und wenn er es schlecht machen würde wäre er wohl Florist geworden oder so.

Ja es ist richtig, Wir alle ham Kacke am Schuh, aber Wir wissen wat wa haben und können uns darauf einstellen oder zumindest es versuchen, man selber kann nur leben und dit Leben gefälligst auch genießen. Meier,Lehmann,Schulze,Schmidt können dit och nur so tun.

Stand 10/2018,biste een ma drinne in dem Loch, bekommt dir da keena so wieder raus da können se dir noch so sehr lieben, quasi die Family.

Die können mach´n wat se wollen wird nich besser, eher schlechter, weil willst se ja o´ch nich nerven mit deinem Scheiß. Ja und dann noch die Ungewißheit. Wie jeht dit nu weiter ?

19

Schwieriger Fall,würd ick sagen.

Dann kam die rettende Idee, wat is´n mit ne Reha ? Ick meine Meier, Müller, Schulze, Schmidt die kommen mit´n Schlachanfall oder Klabautermann int kranke Haus und direkt danach ob so nu Bock ham oder nich zu ner Reha, wat is´n mit so Typen wie mir ? Ick könnte auch mal nen bissel Hilfe jebrauchen Herr Doktor.

Der Witz schlechthin, finde ick jedenfalls wa!? Haste son Gedönse an den Hacken wie icke ja? Musste erstma nen halbet Jahr, also mindestens sechs Monate am Stück kranjeschrieb´n sein bevor de überhaupt nen Anspruch hast uf so Rehaschnackedöns. Geil wa !?

Bis dahin kannste schon mal jut kalt sein, war bei mir och schon fast soweit.

Und denn beantragste ne Reha musst dir unbedingt noch ne Sekretärin dazu buchen damit de den Dreck o´ch richtig ausfüllt bekommst und denn heißt dit warten, ha und denn erzählen dir andere Betroffene erstma, jo im November beantracht, naja mh frühestens im März 2019 wird dit wohl wat.

WHAT ????

Mh toll bis dahin bin ick Alkoholiker oder tot. Also beantragt und warten.

In der Zwischenzeit machste, nee anders versuchste dit Weibchen bei Laune zu halten und erfüllst ihr nen Kindheitstraum, een ma Prinzessin sein, wat soll ick sagen?

Wat son liebender Ehemann doch allet tut, aus reiner Liebe zu seinem Weibe, ja allet klar wir wären dann Mal bereit dit 56. Prinzenpaar in der Karnevalshochburg der Region zu sein. (neue soziale Kontakte beleben das Wohlbefinden und machen nicht

20

einsam,also förderlich für die Gesundheit) Also wer dit seinem Weibchen ermöglicht, hat entweder nüscht zu verlieren oder is dem Weibe komplett unterwürfig und ausjeliefert, mh ja ick bin dann wohl letzteret gewesen, oder auf Grund der Sachlage, der persönlichen, psychisch eher labil. Nu war ick nen Prinzchen !

Klein, geduckt, ohne Selbstachtung und ganz ohne Selbstvertrauen.

Und dann war da noch dit Weibchen, die hat dit allet jemanagt.

Oh ein Weihnachtswunder sollte gescheh´n, Reha genehmigt und Einberufung zur selbigen injejangen. Vier Wochen Reha ab dem 12.12.18, über die Feiertage janz alleene uf Reha, wo keene Sau arbeiten tut, wo de eh keene Anwendungen machst, im schönen Bayern, 450km weg von´t Heim, ohne meine Weiber, depressiv ?

Ham die nen Ding am Helm ?

Fällt aus, dann jeht der Alte int Wasser, sagte mein Weibchen.

Ham se einjeseh´n, der Rententräger und die Klinik.

Der Typ brauch dit wirklich, der will nich nur Interhotel, PayTv und seine Ruhe.

So ging et denn los am 3.Januar 19, auf nach Bayern, mit die Bahn (Regio,ICE,Regio,Bus) für son komplett entnervten, wie mir zu der Zeit, alter dit war Horror.

Ick nu endlich da unten anjekomm, steh erstma da wie bestellt und nich abjeholt. Mein Nervenkostüm war gerade, ä nich da, jeklaut, ick fühlte mir nackt. Heulen hät ick können, dann doch noch die richtige Buslinie jefunden, supa, da fährt er hin den Bus. Wann der nächste ? Jau ne halbe

21

Stunde, na denn hab ick ja noch jenuch Zeit zum puffern (roochen).

Da kam er denn, der Bus und da in Bayern(bevor et Haue gibt, in Franken) is dit ja so, da hat ja mal janz früher eener Berge hin jebaut und die einheimischen Busfahrer fahren da wie die Abdecker, alta Schwede, hab ick doch fast in den Bus jereiert. *Schweißausbruch* und klitschnass war ick. Een Witz eigentlich, bin selber Kraftfahrer von GLBG (größer,länger,breiter,geiler)und keen Kind von Traurigkeit, aber da hat ick wohl völligen Kontrollverlust.

Ging gar nich !

Denn doch da irgendwie anjekommen und ick mußt mir erstma hinsetzen, eene rooch´n und runter kommen. Danach dann rin da in dit Etablissement, an der Rezeption anmelden, Zimmer suchen, ankommen

und alles war jut. Für den Moment jedenfalls.

Aber denn, wie dit denn so looft bei sowat, ick hatte doch keene Ahnung, war ja noch nie vorher Reha oder so.

Ach allet schön und alle hilfsbereit, obwohl ick ja erst so´n bisschen Muffe hatte wa, ick nu der Typ aus´m Osten in dit Bayrische. Man is doch völlig Brille, kochen alle nur mit Wasser und wer dit bis heute imma noch nich jeschnallt hat kann gerne gehen, dahin wo der Pfeffer wächst.

Wo wächst der eigentlich ?

Naja, wir sind alles Menschen, wir ham alle unsere Probleme und mal gewinnen wa und mal die anderen.

Ick werde hier nich breit treten wat ick doch für ne unsportliche Type war. Erstma looft dit ja so, da tut een ne Doktorsche begutachten und die sagt een

22

denn wo die Reise hingeht, so in etwa.

Ick sollte Wassergymnastik und Aquajogging machen, juhu Rentnersport, wat´n nen Scheiß dachte ick.

Haha, die ham mir so richtig een jemacht da,man !

Hat ick et schon erwähnt?

Wasser inne Wanne is ok aber größer is nich so dit Meine. Wie och immer ick hasse Aquajogging, dit wird sich och nie ändern, Ende der Durchsage.

Da jab it aber och noch so paar richtig jute Sachen, wie Aquajet-Massage, quasi nen Wasserbette wat mir massiert hat, grrrrr. Bewegung inne hauseigene Muckibude, war supi.

Woher kommt denn ditte, immer wenn da wat mit Aqua, Gymnastik oder Nordic Walking gesagt oder jeschrieb´n steht denk ick automatisch an ,,Rentnersport", nur Sonntags und nur wenn it schön is.

Sport für´n Rücken, man war dit geil hab ick doch richtig wat jelernt, mach ick och noch heute, jeden verdamten Tag und et looft jut mit Kreuze.(Stand 12.2020) Dehnungsübungen o geil, mach ick och jeden Tag, Hammer!

Nordic Walking, ha nich lachen, hab ick gelernt dort. Ick wees zwar nich wat die früher jeborenen Lady´s hier so Sonntags machen mit ihre Krötenstecher, aber Nordic Walking jeht definitiv anders ?!

Dit jeht so jut das ick denn zu Hause inne Woche 70 km jemacht habe bis etwa 05-06/19 und dit jeht denn im Winter wieder los. Da kann man schon ma jut platt sein mit der Nummer. Ja und denn gab it noch wat dit hieß ,,Terraintraining draußen" ,uf

23

deutsch hieß dit nach meiner Frage wat dit sein soll, Spazieren gehen !

Jupp ,kann ick, wollt wohl eena dit Rad neuerfinden oda wat. NEIN janz anders, ick sag mal so, nach ca. 500 m

,,*Spazieren*" war ick nass bis uf de Schlüppa und wollt mir einfach nur noch in Schnee schmeißen mir nackt ausziehen und heulen, man war ick platt.

Et war so wat wie Spazieren nich wirklich, ick kam mir eher so vor wie uf der Flucht. Uf meine Frage hin ob denn Spazieren nich eigentlich wat anderet wäre und wie weit der Spaß hier noch gehen soll, von ne Kilometer her ? Kam och promt ne Antwort, ja ne so 6 km inner Stunde sollten schon machbar sein, für nen Anfänger.   Der Hammer war ja die andere Aussage dazu dann:

Trainer:
wissen Sie eigentlich wo se hier sind ?

Ick:
Jupp uf Reha, quasi Urlaub.

Trainer:
Donnng, falsch !

Ick:
Hä Bahnhof ?!?

Trainer:
Sie ham hier ne Sportreha, mindestens 3x amTag Sport.

Ick:
WHAT ??

Jo ne, wie wa dann endlich wieda ran war´n int Heim, konnt ick mir mit´n Badehandtuch trocken legen, unglaublicher Vorfall.

24

Natürlich jab it da noch andere Sachen wie Ernährungstherapie und autogenet Training,welchet uf der gleichen Position bei mir steht wie Aquajogging, ick denke ma mehr muß ick dazu nich sagen, wa!?

Aber der Dr.Mackebrecht der mir da unter seine Griffel hatte, ick sag euch, der Hammer der Typ. Der hat et druf, bin imma noch total begeistert und wenn ick denn mal wieder auf ne Reha darf, dann wieda dahin.

Mackebrecht hat dit jeschafft wat ick in all den Jahren vorher einfach nich in Griff bekommen hab.

Mit roochen ufhör´n !

Momentaner Stand der Dinge, vorbei is gleich dit erste Jahr(dit war Dezember 2019) mit ohne roochen, yes Baby!

Der Psychologe meinte, immer dann wenn man meint eine rauchen zu wollen, muss man sich ablenken, so mit Schmerzen zum Beispiel.

Aha und wer haut mich dann immer, freiwillig ?

Ja nee mit nen Jummi ums Handgelenk und dann immer gegen die Haut schnipsen. Naja, dit war denn doch nich so Meins. Ick hab da was anderes probiert,

mit wat richtig sauret. Zitronensaft aus der Kleinstabpackung, wat dit abartig war grrrrrrrrrr, 2-3 Stück hintereinander weggeballert.

Um das Rauchverlangen in den Griff zu bekommen. Jupp hat jejangen, gab da nur ein paar kleine Schwierigkeiten mit der Luft im Zimmer.

Pfui Deibel sag ich euch, Blähungen der übelsten Art! Damit war dann aber nach einer Woche auch Schluß, erst hab ick mich vor mir selber geekelt und ick hatte mich soweit auch unter Kontrolle nicht raus zu rennen und zu rauchen. Schon mal jut und dann ging das so weiter nach 10 Tagen hat plötzlich das Happihappi ganz anders geschmeckt und man merkte erstmal, wir brauchen ja gar nich so viel Würze wie früher, nur weil man nich roocht.

Beim Sport kommt auch plötzlich so wat wie nen Schub, da geht noch was. Ui geil, die Klamotten stinken nich mehr. Aber Aquajogging machte immer noch keinen Spaß. Zitronensaft war erledigt ok, aber irgendwie nen Ersatz musste her, ahhh ein Hoch auf die Werbung , bist du zu schwach bla bla. Jupp kenn ick noch die Dinger, waren früher immer schön charf, mit OHNE ZUCKER in rauen Mengen, ja und fressen tu ick wie ne siebenköppige Raupe. Aber lieber so und Sport wie´n Irrer, als roochen.Was aber am allerbesten ist, meine Frau raucht seit dem 01/2019 o nicht mehr.

Dit ist wichtig für dit Gelingen der Operation Nichtraucher werden, wenn euer Partner da nich mit macht, könnt ihr es mal gleich lassen. Nun is der Anfang gemacht, glaube das war dann schon versuch Nr. sechs oder sieben ?
Es war dunkel, es was kalt.

Stellt euch vor Raucherinsel, chronisch überfüllt, links von euch steht einer mit einem Flügel in ner Schlinge und führt recht zittrig den Kippen Richtung Mund, euch gegenüber jemand im Rollstuhl, man hörte ihn schon von weit weit weg,husten und röcheln, erstmal eine ins Gesicht stecken und dann wird o das wieder besser. Und dann, dann kam der Oberknaller, nen Mädel so um die 55-58 Jahre alt im Rollstuhl mit nen Beatmer dabei, so mit COPD (Chronisch obstruktive Lungenerkrankung) an den Hacken und fragt doch glatt, hat mal einer Feuer ? Kippen hab ick und rooch´n kann ick alleene!

26

Ick frag den von links,

und du Schlaganfall ?
Er:

Jo hatte ich, ich weiß gar nich wat ick hier soll.

OK dachte ich mir. Der Kumpel von gegenüber, Hauptsache roochen, Rest is egal.
Tja und die Puppe mit COPD, der war dat eh alles Wurscht, weil sie ja eh nicht zu heilen ist.
Ich wurde natürlich auch gefragt warum ich da sei, ja weil ich Aquajogging schon immer total Kacke fand. Ich hatte noch drei Big Boxen im Schrank liegen, voll natürlich. Die hab ick denn nen halbet Jahr später an nen Kumpel vererbt. Ja ich weiß ich bin nen Assi, aber ey die waren bezahlt.
Fakt is Eins, die Mädels und Jungs von dit Etablissement ham mich aus dit Depriloch befreit, se ham mir den Spaß am Leben wieda jebracht, se ham mich motiviert zum Sport und se ham mich erstma richtig einjenordet (einjenordet = auf den richtigen Weg gebracht).

Ick übertreibe nich, wenn ick sag Depriloch und so. Es war echt schlimm, da man nicht wirklich weiter wußte, wie, was, wann, mit wem und warum? Fragen über Fragen. Auf der Reha gab es auch ne Gruppe wie AA nur eben Annonyme MS´ler, man ick sag euch, da hab ick denn gelernt.
Schlimma jeht imma !
Gegen dass was die Mädel´s da so an den Hacken hatten, is dit bei mir noch Kinderkacke, uijuijui. Aber trotzdem geht das Leben weiter, trotzdem geht Familie, trotzdem geht Arbeit. Man muss es nur wollen.

27

Mit zu den Besten Sachen der Reha gehörte nach der Sportschiene auch das Ernährungsgedöns,

also was darf ick, wat nich und warum usw. Da gab es dann och mal so Art Hausaufgabe auf, quasi von der einen Sitzung zur nächsten. Wie wollen wir, also die Patienten unser zukunftiges Leben gestalten, nach Priorität gestaffelt bitte.

Ja ok ick sagte denn mal an, die Liste. Meine Meinung war zwar erst sehr verwirrend für die jute Frau von der Ernährung, aber es funst, immer noch !

Meine Einstellung:
1) rauchfrei bleiben
2) weiterhin Sport treiben
3) Ernährungsumstellung beibehalten
4) positiv denken

Das wird wohl schwierig werden, Sie haben schließlich MS. Das ist zu viel Stress für Sie.
So die Aussage der Therapeutin. Mein Komentar daruf haute sie fast vom Hocker,
da muss se wohl noch an sich arbeiten, die MS.

Icke denn natürlich o mal wieder nach Hause zu meine Familie, na dit war ne Freude mir endlich wieder zurück zu ham, aber jekotzt ham se o. Na könnt da euch denken warum ??? Jau, Sportidas war jebor´n. Ick und Sport, früher hab ick nen großen, breiten, schweren Trecker jefahrn mit nen fetten Kran dran und da bin ick maximal 20 m weit jeloofen. Naja der Kran war ja o knappe 10 m lang, een mal vor und zurück, jut reicht boa bin ick ausser Puste. VORBEI die Zeiten, erst Nordic Walking bei Wind und Wetter, bei Eis und Schnee. JedenTag, man die ham alle jedacht, nu spinnt et total.

28

Dazu kamen dann noch diverse Experimente mit verschiedenen Schuhen, ja richtig Schuhe: Barfußschuhe und Schuhe mit ohne Fersensprengung (nu haut et wieda ufm Schuppen) Zero Drop und die Hobbitschuhe, hihi dit war nen Spaß, mein Weibchen is immer locker 10 m hinter mir jeloof´n. Zehnschuhe, die Botten kann man aber nur anziehen wenn man sich nich zu Schade is sich zum Obst zu mach´n, geile Scheiße !

Mit die Dinger kommt man immer int Gespräch mit alle möglichen Leute. Ernsthaft, ab und an hab ick drüba nachjedacht ob se jetz kommen die Typen, die de Jacke mitbring´n zum hinten zu zumach´n. Uijuijuijui ! Dit erste Paar war aber leider schon nach vier Wochen durchjeloofen, dit zweete denn nach 14 Tagen. Tja Zehenschuhe und ick, wir sind leider keene Dauerfreunde jeworden, sehr zur Freude meines Weibchens.

Das is schon sehr komisch, da fängt man erst mit Sport an, wenn dit Kind schon in nen Brunnen gefallen is. Warum immer erst dann liegt es in der Natur des Menschen ? Ick weiß et nich. Morgengymnastik, Dehnungsübungen inkl. der Füße sowie der Arme und der

Hände. Man muß sich nur mal endlich mit seinem Körper befassen, dann weiß man auch wo man drücken kann, damit es nicht mehr schmerzt. Habe ick alles vorher nicht gewußt. Jetzt bin ick zu der Erkenntnis gekommen, so Massagen und Physio bei Kreuzschmerzen und so Zeug, brauch der Mensch nich wirklich. Der Mensch muss nur den Arsch hoch bekommen und auch dabei gleich den Schweinehund entweder ins Heim geben oder gleich einschläfern lassen. Dann looft dit o .
Da hat ick uf een ma, bei 30 C° im Schatte, so

29

Wasser inne Beene. Ach du Scheiße (passiert wohl öfter bei älteren Mensche wenn it heiß is).

Vom Doc Wassertabletten bekomm´n, na war nich so toll. Ick denn dit Internet scharf jemacht und ma rinjekiekt, kann man wohl wegloofen die Wasserbeene, mach´n angeblich Sportler.
Ja klar, gloob ick och aber dazu müsste ick die Muße ham bei jefühlten 63 C° zu loofen, schnell.
Nee kannste knicken dit Ding, fällt aus! Venenpumpe so richtig in Wallung bringen, wat kann man noch so tun ? Manchmal bin ick ja keen doofer nich, Radfahren, müßte doch och jehn ? Jooooo, janz wunderbar sogar.   Da hatten wa den Salat.
Seither nich een ma wieder Wasser inne Beene und somit is aus ner Notwendigkeit eine <u>Sucht</u> geworden. Leute ick fahr jede Woche, scheiß egal wat für´n Wetter is 150 km Mountainbike.
Wie im Vorwort schon beiläufig bemerkt, meine Sucht ist dit Fahrrad, ick kann nich ufhörn. Selbst wenn ick et ma zwee Tage nich mache, bin ick am durchdreh´n. Man kann Stress und Ärger ham, sitzt de 100 m uft Bike, is die Birne leer und de denkst nur noch an NÜSCHT.   Is bei mir jedenfalls so.
Hier waren es in den letzten drei Tagen schon zauberhafte 5 Grad minus.   Dit war definitiv nich mein Wetter und wenn ick daran denke dis dit so weiter jeht bis,tja   unter Umständen bis April, na da dreh ick doch voll ab. Jeden Tag mache ick hier so meine Yoga und Dehnungsübungen, dit Bodyweight und fahre MTB damit ick in Form bleibe und nich durch die Gegend krauche wie der 108 Jährige. Kurios is ja, früher vor der Diagnose war es so 22,5 C° optimale Arbeitstemperatur. Wohlfühlen war bis 30 C° ok und jetzt wird es schräg. Obwohl mich das kalte Wetter ankotzt fühl ick mir trotzdem wohl.   Beim Auto fahren zum Beispiel muß ick keene 30 C° mehr inne Bude ham, kann kalt bleiben, vieleicht gerade so viel Wärme das die Eisblumen

30

nich mehr innen auf der Scheibe sind. Ist jetzt der Körper erst wieder richtig eingestellt ? So wie es sein sollte ? Im nachhinein muss man feststellen, bei mir hat dann MS anscheinend schon seit Mitte der zwanziger Jahre gewütet.

Wie et mal so is, fängste een ma an wat zu ändern mit dit verkorkste Leben, machste gleich ma nen Rundumschlag. Das Thema Happihappi.
Tja, nen schwieriger Fall, wenn ick mal so sagen darf !? Ick hab gerade ne Packung gefüllte Fockoliegel platt jemacht.

Mh ,voll verkackt wa?
Und ick war heute mal ganz alleine einkaufen, wat soll ick sagen? Ick wäre nen absoluter Heuchler zu behaupten, dass ick im Kassenbereich immer meine Finger bei mir behalten würde. Man da ham dit die Teppichratten schon schwer, aber die ham Verstärkung in Form ihrer Mutti dabei und wenn se nich spuren jibt nen paar uf die Fingers.

He, kennste Anders ?   Der wohnt in Holland. Hihi !   Diät, mh jo ne, erstmal FDH und denn FDHvFDH (friss die Hälfte von der Hälfte) und denn gucken wa mal.
                    Zu dem Zeitpunkt der Feststellung MS hatte ich satte 120 kg bei Konfektionsgröße XXXXL und dit nur beim Leibchen für unten drunter unter der Arbeitsjacke, diese is noch ne Nummer größer. Nun mit der Einleitung von FDH und den sehr zögerlichen Versuchen von Sport, ging doch wirklich was los. Naja, Ihr wisst ja, was der Mensch nich sieht gloobt er nich. Ja, cool 107 kg im August 18 und dit nur durch FDHvFDH und Joggen.   Wie schon erklärt, es wurde dunkel wenn ich vorbei kam, der Stein kam ins Rollen, hihi. Dann kam der Jojo.

31

Der JOjo kam vorbei und sagte er müsse bleiben. Der JOjo is nen Arsch ! Er hatte aber nich wirklich Schuld dran, sondern die Ängste vor der Zukunft und so Zeuch wie Depressionen und wenn ick zu dem Zeitpunkt nich meine beeden Weiber und den halben Hund jehabt hätte (ham se kastrieren lassen,die arme Sau), würde jetzt irgend nen anderer, den Elch des Jahres zusammen schreiben. FDH is schon nich schlecht, aber tauscht die Nahrungsmittel aus, Ihr müsst auf nix verzichten.   Bei mir is es so: Schweinefleisch zu 95% weg, dafür dann Fisch und Kuh in rauen Mengen, z.B. Kuh hauchdünn auf Rucola, ohhh ja grins. Salami esse ick nach wie vor, nur jetzt vom Geflügel oder Bierschinken o Geflügel, mageren Käse, Brot von Roggen Misch uf

Vollkorn, Toast o´ch Vollkorn, Brötchen müssen grundsätzlich Körner oben haben sonst bleiben se liegen.   Es wird mit frischen Zutaten gekocht, nix mehr mit Tüte uf und fertig. Gemüse in rauen Mengen, auch abends vor der Glotze, heute sind´s dann halt die Möhrchen statt der Chips. Salat mit hausgemachtem Dressing. Fettärmer kochen, da stehn nur noch z.B. 10 g Butter uft Rezept, jut dann sind och nur noch 10 drin, früher hat och dit janze Pfund rinjepasst.
Low Carb, hab ick früher immer belächelt, man dit is geil, für nen Mann zumindest.
       Fressen ohne Reue, so muss dit heissen, dann machen noch viel mehr mit.

Jetzt könnte man ja sagen, dit is doch alles teuer wie die Sau, ja stimmt schon,is ne Frechheit dass der Brokkoli mehr kostet als nen Stücke Fleisch(Schwachsinn, wer rechnen kann...). Aber hey dafür rauchen wa beede nicht mehr. Nu hab ick aber noch dit Problem mit dem Süßkram, Wochenlang hält es sich in Grenzen aber dann bricht es aus, das

32

Krümelmonster. Da macht man Sport, sehr sehr reichlich und Kleidergröße is runter bis uf ne regular L aber 117 Kg, BMI (body mass index) is wat fürn Arsch, Bauchumpfang messen, weil Muskeln mehr wiegen als Fett. Und Fett nun mal auch mehr Volumen hat als Muskeln. Da fällt mir gerade noch wat in. Also es gibt ja so Sachen zur Selbstmutivation,

funst bestimmt o´ch bei nich un-sterblichen. Ick sage immer bei Schmerzen, haben ja viele mit MS zu kämpfen mit so Zeug, vorallem wenn se des Nacht´s wieder irgendwo mit dem kleinen Zeh injerastet sind:

Schmerz is nur Schwäche die den Körper verlässt

Mach ick uft Bike o immer so und jeht jut.

So reicht für heute. So viel sollte dit gar nich werden, aber wenn ick dabei bin fliesssssst dit, förmlich aus mir raus.

33

Übersetzung:

it	es
een	eins
zwee	zwei
uf	auf
uft	auf dem
ma	mal;Mal
o	auch
o´ch	auch
ick	ich
icke	ich
ik	ich
dit	das
is	ist
Oogen	Augen
Oooge	Auge
Been	Bein
jeht	geht
jut	gut
koofen	kaufen
loofen	laufen
wat	was; wer
wesrum	weshalb; warum
nüscht	nix; nichts

34

9 783752 658866

36